COLLECTION

DES

MORALISTES ANCIENS.

PENSÉES MORALES

DE

PLUTARQUE,

RECUEILLIES ET TRADUITES

PAR P.-Ch. LEVESQUE.

TOME SECOND.

A PARIS,

Chez DEBURE L'AÎNÉ, rue Serpente;

Et P. DIDOT L'AÎNÉ, imprimeur,
rue Pavée-des-Arcs.

L'AN IIIe DE LA RÉPUBLIQUE.

1794.

PENSÉES MORALES

DE PLUTARQUE.

I.

Celui qui regrette de n'être pas à-la-fois le lion vigoureux qui, plein de confiance en sa force, vit dans la solitude des montagnes, et le chien fortuné qui s'endort sur les genoux d'une riche veuve, est un imbécille.

I I.

La nature a préparé des aliments divers aux différents animaux. Elle n'a pas voulu que tous se nourrissent de chairs, de graines ou de racines. Elle a de même partagé aux hommes des manieres de vivre différentes : c'est à chacun d'eux à choisir celle qui lui convient, à s'exercer dans le genre de vie dont il a fait choix, et à laisser en paix les autres. Mais non ; ils veulent qu'Hésiode n'en ait pas dit assez, quand il a prononcé que le potier envioit le potier, et le forgeron le forgeron. Ce ne sont pas seulement les hommes qui ont embrassé le même genre de vie et qui courent la même carriere qui se portent envie les uns aux autres : mais les riches envient les savants ; les hommes célebres, les riches ; les hommes éloquents, les philosophes : on

voit même des hommes libres et
des plus considérables de leur
pays, porter envie à des comédiens, à des danseurs, à des
valets de cour.

I I I.

Les insensés négligent et méprisent les biens dont ils jouissent ; c'est vers l'avenir qu'ils
tournent toutes leurs pensées :
les sages se rendent présents
par le souvenir les biens dont
ils ont joui ; et, même après les
avoir perdus, ils en jouissent
encore.

I V.

Quand on vint annoncer à
Anaxagoras la perte de son fils :
« Je savois, répondit-il, qu'il

« étoit mortel ». Il ne suffit pas d'admirer cette parole, il faut se l'appliquer à soi-même, et dire, à chaque évènement fâcheux que l'on éprouve : « Je « savois bien que la richesse « étoit passagere et n'avoit rien « de solide ; je savois que je « pouvois être dépouillé de la « magistrature par ceux qui « m'en avoient revêtu ; je savois « que j'avois une femme hon- « nête, mais qu'enfin c'étoit « une femme ; je savois que « mon ami n'étoit qu'un hom- « me, c'est-à-dire, suivant Pla- « ton, un animal sujet au chan- « gement ». En nous préparant ainsi aux évènements, s'il nous en arrive quelque uns que nous

voudrions bien ne pas éprouver, comme nous avons prévu
qu'ils pouvoient nous survenir
un jour, nous ne dirons pas :
« Je n'aurois jamais cru cela ;
« j'avois les espérances les mieux
« fondées ; voilà de ces coups
« que je devois être loin d'at-
« tendre. »

V.

Carnéade disoit que si les
évènements nous affligent et
nous atterrent, c'est parceque
nous n'avons pas eu la sagesse
de les prévoir.

V I.

Le royaume de Macédoine
n'est qu'une bien foible partie
de l'empire romain ; cependant

quand Persée en fut dépouillé
il gémit, il accusa ses destinées,
et il ne se trouva personne qui
ne le regardât comme le plus
malheureux des hommes. Mais
son vainqueur, Paul Émile,
abandonnant à son successeur
le commandement de la terre
et de la mer, ceignit sa tête
d'une couronne, offrit un sacrifice solemnel, et tout le
monde célébra son bonheur :
c'étoit avec raison. Paul Émile,
en recevant la plus grande puissance, savoit qu'il seroit obligé
de s'en démettre; Persée ne s'at-
tendoit pas à perdre la sienne.

V I I.

Aux évènements douloureux
de leur nature, comme les ma-

ladies, les fatigues, la perte de ses amis, de ses enfants, on peut opposer ces mots d'Euripide : «Hélas ! Mais pourquoi me « plaindre ? les maux que j'en- « dure sont attachés aux mor- « tels. »

VIII.

La nature peut nous envoyer des maladies, nous enlever nos richesses, nous rendre odieux au peuple ou au prince ; mais il n'est pas en son pouvoir de rendre lâche, ignoble, envieux, un homme valeureux, honnête et magnanime.

IX.

Celui qui connoît la nature de l'ame autant qu'il nous est

accordé de la connoître, qui croit qu'après cette vie elle sera plus heureuse, ou que du moins elle ne sera pas plus infortunée, a un grand moyen de conserver sa tranquillité d'esprit : c'est quil ne craint pas la mort.

X.

L'ame qui se représente à elle-même ce que c'est que la maladie, la peine, l'exil, qui rassemble ses forces contre ces maux si redoutés, trouvera qu'il y a bien de l'erreur, bien du vuide, bien de vieux préjugés dans ce qui les montre si terribles. Bien des gens frémissent à ce mot de Ménandre, « Je ne puis dire, tant que je

« vivrai, voilà des maux que je
« n'éprouverai pas ». Ils ignorent
combien de peines nous pou-
vons nous épargner en médi-
tant sur la fortune, en osant la
fixer d'un œil fier, en ne nous
livrant pas à des imaginations
qui ne peuvent que nous amollir, en ne nous tenant pas à
l'ombre dans un lâche repos,
en ne nous laissant pas entraîner
à des espérances vaines, en ne
nous accoutumant pas à ne résister à rien.

X I.

Tout homme peut sans doute
répéter avec Ménandre : « Je
« ne puis dire, tant que je
« vivrai, Voilà des maux que
« je n'éprouverai pas ». Mais on

peut ajouter : « Tant que je
« vivrai, je puis dire, L'impos-
« ture ne souillera pas ma bou-
« che, jamais je ne me permet-
« trai la fraude, je ne priverai
« jamais personne d'un bien qui
« lui appartienne, jamais au-
« cun mortel ne sera victime
« de mes coupables intrigues ».
Voilà ce qui est en notre pouvoir, et ce n'est pas peu de
chose. C'en est assez pour as-
surer notre tranquillité. Mais
quand on a le malheur de se
dire à soi-même, « J'ai la con-
« science d'avoir mal fait »; c'est
un ulcere rongeur qui se nourrit de nos chairs ; jamais le
remords ne nous abandonne,
il dévore notre ame, il l'en-
sanglante, il la déchire.

X I I.

La terre produit des plantes sauvages qui ne donnent pas de fruits. Elles nuisent à la nourriture et au développement des plantes cultivées ; mais elles font connoître au laboureur que le sol est gras et fertile. Il en est de même de certaines passions que l'on doit condamner; elles sont comme des efflorescences d'un bon naturel que la raison peut tourner au bien. Je mets de ce nombre la timidité. Elle n'est pas le signe d'un mauvais naturel, mais elle cause souvent du mal ; souvent elle entraîne ceux qu'elle domine dans les mêmes fautes que

peuvent commettre les impu-
dents.

X I I I.

Le sage ne sauroit employer
trop de ménagement pour extir-
per ce vice , qui ne se trouve
que dans les ames douces et
délicates : qu'il craigne d'ex-
tirper en même temps la pudeur.

X I V.

La timidité peut se comparer
à ces places d'un abord facile
et mal fortifiées , qui ne peuvent opposer de défense aux
ennemis : les passions les plus
vicieuses y pénétreront aisément.

X V.

C'est une mauvaise gardienne de la conduite d'un jeune homme. Brutus avoit raison de dire que la vertu est en grand péril dans celui qui ne sait rien refuser. La timidité est un mauvais garant du respect pour le lit nuptial. Par elle on prête à des gens pour qui l'on manque de confiance ; on se donne pour caution à d'autres dont on ne voudroit pas répondre. On sent toute la vérité de cette maxime, « Donne-toi pour caution, le « repentir est bien près ». Mais on n'ose la mettre en pratique. Des hommes ont prévu qu'ils seroient égorgés, empoisonnés,

et une mauvaise honte ne leur
a pas permis de se tenir sur leurs
gardes. C'est ce qui fit périr
Dion. Il savoit que Calippe en
vouloit à ses jours, et il eut
honte de se mettre en garde
contre ce scélérat qui étoit son
hôte et son ami. Antipater, fils
de Cassandre, donna un repas
à Démétrius ; invité pour le
lendemain à son tour, il n'osa
pas montrer moins de confiance
qu'il n'en avoit obtenu, et fut
tué après le festin. Polysperchon avoit promis à Cassander,
moyennant une récompense de
cent talents, de le défaire d'Hercule, qu'Alexandre le Grand
avoit eu de Barsine : il l'invita
à dîner. Cette invitation étoit

suspecte au jeune prince ; il s'excusa sur une indisposition : mais Polysperchon vint lui-même le trouver : « Jeune homme, « lui dit-il, imite la complai- « sance de ton pere et sa fami- « liarité avec ses amis, à moins « que tu ne nous croies capa- « bles d'attenter à tes jours ». Le foible Hercule n'eut pas le courage de se défendre ; il le suivit, et fut égorgé à table.

X V I.

Il faut s'exercer dans des choses de peu d'importance et dans des occasions faciles à se- couer la mauvaise honte. Tu as assez bu, et l'on continue de te porter des santés ; ne te fais pas violence à toi-même par foiblesse, et quitte la coupe. Dans la débauche d'un festin on te propose une partie de dés ; n'hésite pas de refuser ; ne crains pas de vaines railleries. Imite Xénophane. Lasus le traitoit de lâche parcequ'il refusoit de jouer aux dés avec lui : « Je suis bien lâche, j'en con- « viens, répondit Xénophane, « quand il s'agit d'actions mal- « honnêtes ». Tu rencontres un babillard qui s'empare de toi ; délivre-toi de son importunité et continue tes affaires.

XVII.

Les Athéniens s'empressoient de secourir Harpalus, et s'ar-

moient contre Alexandre : tout-
à-coup paroît au milieu de l'as-
semblée Philoxene qui com-
mandoit les troupes maritimes
de ce prince. Le peuple, saisi
de crainte, garde le plus profond silence. « Que ferez-vous
« donc à la clarté du soleil,
« s'écria Démosthene, si vous
« ne pouvez soutenir la lueur
« d'une lampe »? On peut de
même te demander : « Que
« feras-tu donc dans des affaires
« importantes, quand il faudra
« soutenir l'aspect d'un monar-
« que ou braver les défiances
« d'un peuple, si tu ne peux
« refuser une coupe de la main
« d'un homme qui t'invite à
« boire, ni te soustraire aux im-
« portunités d'un babillard ? »

XVIII.

Il n'est pas non plus inutile à l'homme timide de s'accoutumer, dans de petites choses, à ne pas donner des louanges qui ne soient pas méritées. Un chanteur aux gages de l'un de tes amis chante mal dans un repas, un comédien qui lui a coûté bien cher écorche des vers de Ménandre ; tout le monde applaudit, tout le monde est dans l'admiration : te sera-t-il donc bien difficile de garder le silence et de ne pas louer bassement ce que tu désapprouves dans ton cœur ? Si tu ne sais pas remporter sur toi-même cette victoire, que feras-tu quand cet ami te consultera sur un poëme de sa façon, quand il te fera lire un discours qu'il viendra de composer? Te rendras-tu ridicule, joueras-tu le rôle d'un imbécille, en lui faisant l'éloge de ses plates productions? vas-tu te récrier avec la troupe lâche des flatteurs sur la beauté de ses ouvrages? Comment pourras-tu donc le reprendre ensuite quand il fera de graves fautes dans les affaires d'état, quand il ne saura pas se conduire dans la magistrature, quand il ruinera les intérêts de sa maison, quand il se montrera mal-habile à ménager ceux de la république?

XIX.

Diogene tournoit autour des statues dans le céramique et leur demandoit l'aumône. Quelques personnes lui témoignerent leur étonnement. « Je « m'accoutume, leur dit-il, à « essuyer des refus ». Il faut d'abord nous exercer dans des choses de peu de conséquence à refuser des choses peu convenables, si nous voulons nous mettre en état de résister à des sollicitations plus importantes.

X X.

Ce n'est pas seulement dans des intérêts pécuniaires que la timidité se conduit mal ; elle n'ose souvent, dans des affaires bien plus sérieuses, suivre le parti que conseille la raison. Nous sommes malades, et nous n'appelons pas un médecin habile, dans la crainte d'en désobliger un autre qui est de nos amis. Au lieu de donner à nos enfants de bons précepteurs, nous prenons ceux qui nous importunent en nous offrant leurs services. Nous avons un procès, nous devrions prendre un savant avocat rompu dans la pratique du barreau; et nous abandonnons notre cause au fils d'un de nos parents ou de quelqu'un qui est dans notre familiarité. Enfin on voit même des hommes qui se donnent pour aimer la philosophie, et qui se font épicuriens ou stoïciens, non par choix, mais par mauvaise honte, et parceque leurs amis les engagent dans l'une ou l'autre de ces sectes.

X X I.

Prépare-toi donc, dans des circonstances qui se renouvellent tous les jours, à montrer du courage dans celles qui sont encore éloignées. Aye assez de force pour choisir à ton gré un barbier ou un peintre; et tandis qu'il ne tient qu'à toi d'entrer dans une bonne hôtellerie, n'en prends pas une mauvaise parceque le maître a eu souvent l'adresse de te saluer

quand tu passois devant sa gar-
gote.

XXII.

On voit quantité de gens qui,
par la fausse honte de refuser
une demande indiscrete, s'ex-
posent à une juste honte et à
des reproches bien fondés. Ils
craignent une plainte légere, et
supporteront par leur faute des
plaintes graves et qu'ils n'auront que trop méritées. On n'a
point d'argent, et cependant
on n'ose refuser à un ami la
promesse de lui en prêter; bientôt après, quand il s'agit de
remplir sa parole, on se trouve
convaincu de n'avoir fait que de
fausses promesses. Un autre promet à quelqu'un de défendre

sa cause ; mais il ne sait pas résister à l'adverse partie, se laisse gagner par elle, et se cache pour ne pas tenir le premier engagement qu'il a pris. Un autre, pour ne savoir rien refuser, promet sa fille ou sa sœur en mariage à l'homme qu'il voudroit le moins lui voir pour époux, et est obligé de montrer ensuite de la mauvaise foi.

XXIII.

Quelqu'un disoit en badinant que tous les habitants de l'Asie se trouvoient sous le joug d'un seul homme pour ne savoir pas prononcer une seule syllabe, *non.* Mais il arrive souvent que les hommes foibles, pour se tirer d'affaire, n'auroient pas même une syllabe à prononcer ; il leur suffiroit de froncer ou de hausser le sourcil pour se débarrasser d'une demande qu'ils ne veulent ni ne doivent accorder ; et ils n'ont pas même ce courage.

XXIV.

On peut dire des gens foibles qu'ils savent d'avance le mal qu'ils vont faire et qu'ils n'ont pas la force d'éviter. Ils n'ignorent pas la faute qu'ils vont commettre quand ils s'apprêtent à recommander des gens indignes de recommandation, à porter un faux témoignage, à prononcer un jugement inique, à donner leur suffrage contre leur conscience, à prêter de l'argent qu'ils ne reverront jamais. Ce n'est pas seulement après l'action qu'ils éprouvent le repentir, c'est même avant de la faire.

X X V.

Il faut accorder avec zele à ceux qui ont besoin de nous tous les petits services qui sont en notre pouvoir et qu'il n'est pas mal-honnête de rendre ; mais quand il s'agit de services qui nous seront nuisibles à nous-mêmes, ou qui sont contraires à l'honnêteté, il faut toujours avoir présente à l'esprit une fort belle parole de Zénon. Il rencontra hors des murs de la ville un jeune homme de sa connoissance, et apprit qu'il fuyoit un de ses amis qui lui demandoit un faux témoignage. « Quoi ! « lui dit Zénon, cet homme ne « t'a pas craint, il n'a pas rougi « devant toi quand il avoit l'ini- « quité dans le cœur ; et toi, « pour une chose juste, tu n'o- « ses soutenir sa présence ! »

X X V I.

Quelquefois il ne faut qu'une plaisanterie pour se débarrasser d'un importun. Deux hommes dans le bain vouloient emprunter la vergette de Théocrite : l'un lui étoit inconnu ; il connoissoit l'autre pour un frippon :

il les refusa tous deux plaisamment. « Je ne te connois pas, « dit-il au premier. Je te connois trop, dit-il au second. »

XXVII.

Le pere d'Agésilas le prioit de porter un jugement contraire aux loix. « J'ai appris de « toi, mon pere, à obéir aux « loix : je vais t'obéir à toi-même « en leur restant soumis. »

XXVIII.

Ces gens qu'on fait tourner à volonté avec une flatterie ressemblent, comme le disoit Bion, à ces vases qu'on porte par-tout où l'on veut en les prenant par les deux oreilles.

XXIX.

Le sophiste Alexinus disoit un jour à la promenade beaucoup de mal de Stilpon de Mégare. Quelqu'un qui se trouvoit là lui dit : « Mais l'autre « jour Stilpon disoit du bien de « vous. Oh ! reprit-il, c'est un « honnête et excellent homme « que Stilpon. »

XXX.

Ménédeme, au contraire, apprenant qu'Alexinus disoit souvent du bien de lui : « Et « moi, répondit-il, je dis tou- « jours du mal d'Alexinus ». C'est s'avilir que de dire du bien d'un homme méprisable ; c'est un opprobre d'être blâmé par un homme de bien.

X X X I.

Aristarque disoit : « On avoit « peine autrefois à trouver sept « sages ; il est difficile à présent « de trouver sept hommes qui « n'aient pas la prétention de « l'être. »

X X X I I.

Ces hommes à trois corps et à cent mains, dont parlent les fables, ne pouvoient se détacher pour se rendre séparément des services mutuels. Mais des freres qui conservent la tendresse et l'harmonie que leur a données la nature , peuvent à leur gré rester ensemble, s'éloigner les uns des autres, se donner une aide mutuelle en se séparant, et tous ensemble et d'un commun accord administrer la république, faire des voyages, et prendre soin de leurs terres. Si au contraire ils se divisent, on peut les comparer à des jambes qui s'embarrasseroient entre elles et feroient tomber le corps qu'elles portent, à des doigts qui se replieroient les uns sur les autres et rendroient la main inutile.

X X X I I I.

Si l'on perd ses amis, les compagnons de ses plaisirs, il est possible d'en trouver d'autres ; ce sont en quelque sorte des ustensiles dont la perte n'est pas irréparable : mais on ne peut pas plus retrouver un frere qu'une main dont on a souffert l'amputation, qu'un œil qui a été crevé. Elle avoit raison cette femme de Perse qui disoit qu'elle auroit consenti plutôt à perdre ses enfants que son frere : « Car, ajoutoit- « elle, je pourrois avoir d'au- « tres enfants ; mais j'ai perdu « mes parents, et je ne puis plus « espérer un autre frere. »

X X X I V.

Mais que fera celui qui a le malheur de n'avoir pas un bon frere ? Qu'il se rappelle qu'en

parenté, en amitié, en amour,
il n'y a rien de parfait ; qu'il
sache qu'il vaut mieux supporter ses maux domestiques que
de s'exposer à en supporter
d'étrangers. Ceux-ci sont de
notre choix ; ceux-là nous ont
été imposés par la nature :
on ne peut nous reprocher de
nous les être attirés, et il n'en
est pas de même des autres.

X X X V.

Ce n'est pas quand on aime,
mais avant d'aimer, qu'il faut
juger son ami ; mais pour ceux
que la nature nous prescrit
d'aimer avant d'avoir pu les
juger, nous ne devons être ni
des juges séveres ni des inqui-

siteurs rigoureux de leurs fautes. Que dire de ces gens qui passent tout à des amis qu'ils se sont faits à table, au jeu, dans des lieux d'exercices, et qui sont difficiles et inexorables pour leurs freres ? de ceux qui nourrissent des chevaux vicieux, des chiens coleres, qui les aiment, et ne peuvent supporter la vivacité d'un frere, son ignorance, son ambition ? qui donnent des terres et des palais à des courtisannes, et plaident contre leur frere pour un morceau de terre ou pour un coin de maison ?

X X X V I.

La jalousie aigrit les ambitieux contre ceux qui les surpassent en gloire. Il est donc bon que les freres ne cherchent pas dans la même carriere leur gloire et leur avancement. Les animaux qui vivent des mêmes aliments sont toujours en guerre, et les athletes sont ennemis quand ils disputent les prix dans les mêmes genres de combats. Tindare eut deux fils : Pollux n'avoit point d'égal au pugilat, ni Castor à la course.

X X X V I I.

En suivant des chemins différents, on ne peut s'aider les uns les autres ; mais en suivant des genres de vie différents, on évite la jalousie et l'on peut se prêter des secours mutuels.

XXXVIII.

Il faut imiter les pythagoriciens. Ils n'étoient pas unis par les liens du sang, mais seulement par la conformité de leurs principes. S'il arrivoit qu'un emportement de colere fît naître entre eux des querelles, ils se réconcilioient avant le coucher du soleil, se donnoient la main, et s'embrassoient les uns les autres.

XXXIX.

On n'a pas oublié le mot touchant d'Euclide, l'un des disciples de Socrate. Son frere lui disoit : « Je veux mourir si je « ne me venge de toi. Et moi, « je veux mourir, lui répon-

« dit Euclide, si je ne te per-
« suade pas d'appaiser ta colere
« et de m'aimer comme aupa-
« ravant. »

X L.

Ce que doivent bien observer des freres qui ont ensemble quelques différends, c'est de fréquenter sur-tout leurs amis communs, d'éviter leurs ennemis réciproques, de ne pas se prêter à les entendre. L'eau perce à travers toutes les ouvertures qu'elle rencontre ; il est aussi des gens qui se font jour entre les amis divisés pour les empêcher de se réunir.

X L I.

Le chat demandoit à la poule si elle étoit bien remise de sa maladie. « Je me porte fort « bien, lui répondit-elle, pour- « vu que tu te tiennes loin de « moi ». On pourroit aussi ré- pondre à des hommes qui vien- nent demander à des freres des nouvelles de leurs dissensions, qui veulent sonder les causes de leurs différends, qui cherchent à pénétrer dans le secret de leurs plaintes : « Nous sommes « fort bien ensemble, pourvu « que vous ne vous mêliez pas « de nos affaires. »

X L I I.

L'intempérance de la langue offre une cure difficile à la philosophie. Le philosophe guérit avec des paroles : elles n'agissent que sur ceux qui écoutent, et le babillard n'écoute pas. Il parle toujours, et sa maladie est de ne pouvoir ni écouter ni se taire. Il est sourd par choix : je crois même qu'il accuse la nature de lui avoir prodigué deux oreilles, et de ne lui avoir accordé qu'une langue.

X L I I I.

On pourroit croire que chez le babillard les canaux de l'ouïe ne conduisent pas au siege de l'entendement, mais à la langue. Il ne peut entendre un son, qu'à l'instant il n'en répete mille. Chez les autres les discours s'arrêtent et laissent dans l'ame une impression : chez le babillard ils volent et s'échappent. C'est un vase vuide qui rend beaucoup de son.

X L I V.

L'avare, le voluptueux, l'ambitieux, ont du moins l'avantage de trouver ce qu'ils desirent : c'est ce qui n'arrive pas au babillard. Il cherche des gens qui l'écoutent, et n'en trouve pas; on change de place pour n'être pas auprès de lui.

X L V.

Un bavard importuna long-temps Aristote ; et après lui avoir fait de longs récits, il finit par lui demander s'il ne trouvoit pas bien étonnant ce qu'il venoit de lui raconter : « Non, répondit le philosophe ; « mais ce que je trouve fort « étonnant, c'est qu'on sup- « porte ton entretien quand on « a des jambes. »

X L V I.

Un autre homme de la même espece lui dit, après avoir long-temps parlé : « Je t'ai peut-être « fatigué de mon babil? — Non, « car je ne t'ai pas écouté. »

XLVII.

L'objet de la parole est de se faire croire : on ne croit pas les babillards , même quand ils disent la vérité.

XLVIII.

Un Athénien donnoit un repas à des ambassadeurs de Perse. Ils desiroient se trouver avec des philosophes , et il se fit un mérite d'en inviter. Tous se piquerent de parler beaucoup et de bien payer leur écot : Zénon seul garda le silence. Les ambassadeurs, en lui portant la santé, lui demanderent ce qu'ils diroient de lui au roi. « Rien, répondit-il, si ce n'est

« qu'il se trouve à Athenes un
« vieillard qui peut se taire dans
« un festin. »

X L I X.

Les philosophes, dans la défi-
nition qu'ils donnent de l'ivres-
se, disent que c'est un babil
vuide de sens et qu'excite le vin.
On ne défend pas de boire quand
on sait boire et garder le silence.
C'est le vin qui cause le délire
de l'ivrogne ; mais le babillard
est dans le délire sans avoir bu.
Il y est par-tout ; sur la place,
au théâtre, à la promenade, le
jour, la nuit. Soigne-t-il un
malade, il lui est plus incommode que la maladie : il est pour
son compagnon de navigation

plus insupportable que les nausées ; pour ceux à qui il adresse des louanges , plus désagréable qu'un autre qui leur diroit des injures. On aime mieux se trouver en société avec un mal-honnête homme qui sait se contenir, qu'avec un honnête homme qui ne sait pas se taire.

L.

Lysias composa un plaidoyer pour un homme qui avoit un procès , et le lui donna. Celui-ci le relut quantité de fois , et revint tristement trouver Lysias. « La premiere fois, lui « dit-il , que j'ai lu votre dis- « cours, il m'a paru admirable; « mais à présent que je l'ai bien

« relu, il me semble manquer
« de force et d'énergie ». « Mais,
« lui répondit en riant Ly-
« sias, n'est-ce pas une seule
« fois que vous le prononce-
« rez devant vos juges » ? Un
ouvrage de Lysias sembloit foible pour avoir été lu trop de
fois : et cependant on connoît
toute la grace persuasive de
cet orateur.

L I.

Il est des vices dangereux ; il
en est de déplaisants ; il en est
de ridicules : le babil réunit
tous ces inconvénients. En disant des choses ordinaires le
babillard est ridicule ; en disant
des méchancetés il est odieux ;

en ne sachant pas taire un secret il se met en péril.

L I I.

Les fureurs de l'amour ont
fait périr moins d'hommes que
l'indiscrétion n'a renversé de
villes et d'empires. Sylla faisoit
le siege d'Athenes, mais il ne
pouvoit s'arrêter long-temps
devant cette place. D'un côté
Mithridate s'étoit rendu maître
de l'Asie ; de l'autre Marius
l'étoit encore une fois de Rome.
Athenes eût été sauvée : mais
des vieillards qui babilloient
ensemble dans la boutique d'un
barbier dirent qu'un certain en-
droit de la place n'étoit pas gardé, et qu'il étoit fort à craindre

que la ville ne fût prise par-là.
Des espions les écoutoient ; ils
allerent rapporter à Sylla les paroles qu'ils venoient d'entendre. Ce général rassembla ses
troupes , et, dès la nuit sui-
vante , il les introduisit dans la
place. Peu s'en fallut qu'Athenes ne fût convertie en une
campagne déserte : elle fut cou-
verte de morts et de carnage ,
et le céramique ruissela de sang.

L I I I.

Antigone répondit à son fils
qui lui demandoit quand il
comptoit lever le camp : « Quoi
« donc ! as-tu peur d'être le seul
« à ne pas entendre la trom-
« pette » ? C'est ainsi qu'il ca-

choit son secret même à son héritier, et qu'il lui apprenoit à n'être pas moins discret lui-même dans de semblables occasions. On fit la même question au vieux Métellus. « Si ma tu-« nique savoit mon secret, dit-« il, je la jetterois au feu. »

L I V.

Quand tu as trahi toi-même ton propre secret, quel droit as-tu de faire des reproches à celui qui ne l'a pas gardé? Si ce que tu lui as communiqué ne devoit pas être su, tu avois tort de le dire. Confier ton secret à un autre, c'est recourir à la confiance d'un autre et cesser d'en avoir à toi-même. Si cet

homme te ressemble , tu es perdu et tu l'as mérité : s'il sait
mieux que toi respecter ton
secret, tu as trouvé un homme
qui a mieux mérité ta confiance
que toi-même. C'est mon ami ,
diras-tu. Mais il a aussi un ami
à qui il en fera part; puis celui-
ci à un autre ; et ce sera bientôt
le secret de tout le monde.

L V.

On s'oppose à la vîtesse d'un
navire que pousse le vent, mais
on ne peut suspendre la vîtesse
d'une parole lâchée. Le sénat
de Rome tint pendant plusieurs
jours un comité secret : personne au dehors ne connoissoit
l'affaire , et elle donnoit lieu à

bien des conjectures. L'épouse d'un sénateur, femme honnête, mais femme cependant, presse, conjure son mari de lui dévoiler ce mystere. Elle fait contre elle mille imprécations si elle est capable de le trahir ; elle pleure, elle s'écrie qu'on n'a point en elle de confiance. « Tu l'em-
« portes, ma femme, lui dit
« enfin le sénateur : apprends
« donc ce que je devrois ca-
« cher, un prodige effrayant.
« Les prêtres nous ont annon-
« cé qu'ils avoient vu voler une
« alouette armée d'une lance
« et coëffée d'un casque d'or.
« Nous cherchons si c'est un
« présage heureux ou sinistre,
« et les augures eux - mêmes

« sont ainsi que nous dans la
« plus grande perplexité. Mais
« sur-tout aie bien attention de
« te taire ». A ces mots il sort
pour se rendre sur la place. Il
entre une servante. La femme,
pour piquer la curiosité de cette
fille, se frappe le sein, s arrache
les cheveux. O mon époux ! ô
ma patrie ! qu'allez vous deve-
nir ? La servante demande à sa
maîtresse le sujet d'un tel désespoir. C'est ce que la femme
vouloit : elle le lui raconte ; et,
comme tous les indiscrets, elle
lui recommande beaucoup de
discrétion. La servante se dé-
pêche de la quitter pour aller
conter la chose à l'une de ses
compagnes , qui la répete bien

vìte à son amant. Le sénateur entre sur la place et rencontre un homme de sa connoissance qui lui dit : « Viens-tu de chez « toi ? — A l'instant même. — « Sais-tu la nouvelle ? — Non : « qu'est-il arrivé d'extraordi- « naire ? — Quoi ! tu ne sais pas ? « On a vu voler une alouette « coëffée d'un casque d'or et ar- « mée d'une lance ». — « J'ad- « mire, dit le sénateur en riant, « la promptitude de ma femme : « elle a si bien fait, que la nou- « velle que je lui ai dite est arri- « vée sur la place avant moi. »

L V I.

Le babil est accompagné d'un autre vice, la curiosité. On veut apprendre beaucoup de choses pour en avoir beaucoup à dire. Ce sont les secrets sur-tout que les babillards veulent saisir , et qu'ils travaillent à pénétrer.

L V I I.

Athenes venoit de perdre en Sicile sa flotte et son armée. Ce désastre n'étoit pas encore connu. Un barbier l'apprend au Pirée du valet d'un homme qui étoit échappé au malheur commun. Aussitôt il quitte sa boutique, court à la ville , craint de n'arriver que le second et de se voir enlever l'honneur de publier le premier cette nouvelle. Il arrive , il parle : le peuple se trouble , se rassemble , veut remonter à la source de ce bruit. On amene le barbier, on l'interroge. Il ne peut dire quel est celui dont il tient la nouvelle ; c'est un inconnu dont il ignore le nom. Le peuple s'irrite, pousse de grands cris : « Qu'on « arrête ce scélérat, qu'on le « mette à la torture ; c'est lui « qui a forgé cette nouvelle. « Quel autre en a entendu par- « ler »? On apporte la roue, on y attache mon homme. Dans le moment arrivent des fuyards qui confirment ce qu'on vient d'apprendre. On se sépare, on se disperse ; chacun ne pense qu'à ses maux, et tout le monde oublie le barbier, qui reste garrotté sur sa roue. Ce ne fut que fort tard qu'on pensa à le délier. Mais, tant l'habitude du babil est incorrigible, pendant qu'on le détachoit, il demandoit encore au valet de la justice : « Eh! savent-ils aussi comment « on a fait périr ce pauvre Ni- « cias ? »

L V I I I.

La crainte même du supplice ne peut retenir la langue d'un babillard. Le temple de Minerve au temple d'airain, à Lacédémone, fut pillé, et l'on y trouva une bouteille vuide. On accourt en foule : cette particularité semble fort étrange, et l'on ne sait qu'imaginer. « Si « vous voulez, dit un homme « qui se trouvoit là, je vais vous

« dire ce que je pense de cette
« bouteille. J'imagine que les
« sacrileges , sentant tout le
« danger de l'entreprise, au-
« ront commencé par boire de
« la ciguë pour mourir douce-
« ment et se soustraire aux tor-
« tures s'ils étoient pris , et
« qu'ils ont apporté du vin avec
« eux pour le boire et dissiper
« la force du poison s'ils échap-
« poient ». On trouva cette ex-
plication bien compliquée : on
ne put la regarder comme une
simple conjecture. On entoure
l'homme : « Qui es-tu? qui te
« connoît? d'où sais-tu cela »? A
la fin le malheureux, réduit à ne
savoir que répondre , fut forcé
d'avouer qu'il étoit l'un des sacrileges.

LIX.

Si l'on demandoit quel est le plus méchant, le plus perni-cieux des hommes, tout le monde répondroit que c'est le traître. Mais Euthycrate, pour avoir trahi sa patrie, reçut des bois de Macédoine dont il con-struisit la charpente de sa mai-son; Philocrate eut en paiement du même crime beaucoup d'or, dont il acheta des poissons et des courtisannes; Euphorbe et Philager, qui trahirent Érétrie, eurent des terres pour récom-pense. Mais le babillard est traître sans intérêt; il s'offre de lui-même sans que personne le recherche. Il ne fait pas donner la cavalerie dans une embuscade, il ne livre pas les murailles de sa ville ; mais il débite tout ce qui se dit de secret dans les tribunaux, dans les partis, dans les administrations. Personne ne lui doit de reconnoissance ; c'est lui-même qui en doit à ceux qui ont la complaisance de l'écouter.

L X.

On peut dire au babillard : Ce que tu me rapportes, ce n'est pas par amitié, par bienveillance ; mais tu es malade, et ta maladie est l'envie de parler.

L X I.

Le babillard veut se faire aimer, et il se fait haïr ; il veut obliger, et il importune ; il veut se faire admirer, et il se rend ridicule : il dépense pour ne pas recueillir ; il offense ses amis, sert ses ennemis, et travaille à se perdre lui-même.

L X I I.

Les Lacédémoniens rejetoient de leur style tout ce qui pouvoit être superflu, et ne conservoient que ce qui devoit faire impression. Ils écrivirent à Philippe : « Denys à Corinthe ». Ce prince leur manda : « Si j'at-« taque Lacédémone, je vous « déporterai loin de vos foyers». Ils se contenterent de lui répondre : « Si ». Il leur écrivit pour leur demander s'ils le recevroient dans leur ville : ils lui

répondirent en gros caracteres :
« NON ». Démétrius se mit en
colere de ce qu'ils ne lui en-
voyoient qu'un seul ambassadeur : l'ambassadeur , sans s'é-
tonner , répondit : « Un seul à
« un seul ». Les amphictyons
n'ont pas fait graver au temple
d'Apollon Pythien l'Iliade ni
l'Odyssée , ni les pæans de Pin-
dare, mais ces courtes senten-
ces , « Connois-toi toi-même.—
« Rien de trop. »

L X I I I.

Non seulement on admire les
pensées qui sont pressées en peu
de mots , mais on aime à les
voir exprimées d'une maniere
symbolique et sans le secours

de la parole. Scilurus, roi des
Scythes, laissoit quatre-vingts
fils. Près de mourir, il se fit
apporter un faisceau de fleches,
leur dit de le prendre et de le
rompre. Ils refuserent : alors
le mourant prit lui-même les
fleches une à une, et n'eut pas
de peine à les briser toutes.
C'étoit leur faire comprendre
toute la force qu'ils auroient en
restant unis, et toute leur foiblesse s'ils venoient à se diviser.

L X I V.

Si l'on fait devant nous à
quelqu'un une question, il est
malhonnête de se mettre en
avant pour y répondre. C'est
déclarer que celui qu'on inter-

roge n'est pas en état de répondre lui-même, et que celui
qui a fait la question n'a pas eu
l'esprit de s'adresser à celui
qu'il devoit choisir. C'est dire :
« Que demandes-tu à cet hom-
« me ? est-ce qu'il sait quelque
« chose ? est-ce que ce n'est
« pas moi qu'on doit consulter
« quand je suis là ? »

L X V.

Celui qui arrache la parole à
un autre et s'en empare est importun s'il satisfait à la question, et ridicule s'il la manque.

L X V I.

C'étoit un homme admirable
que Cyrus. Il ne faisoit pas rou-

ler la conversation sur les choses qu'il savoit le mieux , mais sur celles qu'il ignoroit , et qui étoient familieres aux personnes qui s'entretenoient avec lui. Il évitoit ainsi de les humilier par sa supériorité , et il s'instruisoit lui-même. Le babillard se comporte tout autrement. Si le discours tombe sur des matieres qui pourroient l'instruire et lui apprendre quelque chose qu'il ne sait pas, il détourne l'entretien et le fait rouler sur des sujets qui courent les rues.

L X V I I.

Il faut toujours avoir présent à la pensée ce que disoit Simonide , qu'il s'étoit souvent repenti d'avoir parlé, jamais de s'être tû.

LXVIII.

On louoit un athlete qui avoit de grands bras, comme si cette qualité eût constitué un bon pugile. « Cela seroit bon, dit le « maître d'exercices, Hippoma- « que, s'il falloit atteindre bien « haut pour prendre la cou- « ronne ». On pourroit dire de même à ceux qui font l'éloge des grands domaines, des grands palais, des grands amas d'ar- gent : « Cela seroit bon si l'on « achetoit le bonheur. »

LXIX.

Vous trouverez bien des gens qui aimeront mieux être mal-

heureux et riches , qu'heureux
en donnant leur or.

L X X.

De quel mal nous guériront
les richesses , si elles ne peuvent
nous guérir de l'amour des
richesses ?

L X X I.

En buvant on étanche la soif ;
en mangeant on se soulage de
la faim ; si l'on a froid et qu'on
mette un trop grand nombre
d'habits les uns par-dessus les
autres , on est bientôt obligé
d'en rejeter une partie. Mais
l'or et l'argent ne peuvent assouvir l'amour des richesses ;
la cupidité , en acquérant toujours , n'est jamais satisfaite.

LXXII.

Nous avons besoin de pain, d'un logement, de vêtements simples, de quelques mets peu recherchés ; et nous voulons avoir de l'or, de l'argent, de l'ivoire, des émeraudes, des chevaux, des chiens de chasse. Au lieu du nécessaire nous cherchons ce qui est rare, ce qu'on a peine à trouver, ce qui est inutile. Peu de gens manquent de ce qui peut leur suffire : il n'est pas ordinaire qu'on s'endette pour avoir du pain, du fromage, de l'huile ; ce sont des maisons superbes, de vastes granges, des champs d'oliviers, des vignobles, des mulets de Galatie,

des chevaux attelés à de superbes chars, qui nous plongent
dans un gouffre d'emprunts
usuraires, d'engagements oné-
reux, de ruineux intérêts.

LXXIII.

Celui, disoit Aristippe, qui
boit beaucoup et mange de
même sans pouvoir jamais étan-
cher sa soif ni satisfaire son
appétit, court au médecin,
lui demande quelle est la maladie qu'il éprouve et quel
peut en être le remede. Mais
celui qui a cinq lits et qui veut
en avoir dix, qui a dix tables
et qui en achete encore autant,
qui a beaucoup de domaines,
beaucoup d'argent, et n'est pas

satisfait , mais qui se fatigue pour en avoir davantage, qui ne peut dormir, que l'abondance de biens ne peut contenter ; cet homme-là ne croit pas avoir besoin d'être soigné, et ne cherche personne qui lui apprenne la cause de sa maladie.

LXXIV.

Quand un homme a soif et qu'il n'a pas bu, nous espérons le soulager en lui donnant à boire ; mais s'il boit sans cesse et ne peut se satisfaire, nous jugeons qu'il a besoin d'être purgé d'une humeur âcre et d'une chaleur interne qui le tourmente. De même celui qui a plus que ses besoins , et qui veut avoir encore davantage, ce n'est pas en lui donnant de l'or, de l'argent, des chevaux, qu'il faut le traiter; il n'est pas malade de disette, mais de replétion : il faut le purger de ce qu'il a de trop.

L X X V.

Il ne faut, dit Ménandre, qu'un ami bienfaisant pour soulager le besoin; mais tous les vivants et tous les morts réunis ne peuvent assouvir la cupidité.

L X X V I.

L'avarice est une passion bien singuliere. Les autres passions travaillent à se satisfaire; l'avarice se tourmente sans cesse pour n'être jamais satisfaite. Le gourmand ne se refuse pas la bonne chere par gourmandise, ni l'ivrogne le vin par ivrognerie ; mai l'avare se refuse l'usage des richesses par amour des richesses. N'est-ce pas une folie bien déplorable de ne vouloir pas mettre de manteau parcequ'on a froid , ni manger parcequ'on a faim , ni se servir de l'argent parcequ'on aime l'argent ?

L X X V I I.

L'avarice est un tyran bien cruel : elle ordonne d'amasser et défend l'usage de ce qu'on amasse ; elle irrite le desir et interdit la jouissance.

LXXVIII.

Stratonicus railloit les Rhodiens sur leur faste. « Vous bâ- « tissez vos maisons , leur di- « soit-il , avec autant de soli- « dité que si vous ne deviez pas « mourir , et vous vivez comme « si vous aviez peu de temps à « vivre ». Mais on peut dire à l'avare : Tu recherches l'argent comme un homme magnifique, et tu en fais usage en homme sordide. Tu te condamnes à la peine de te refuser tout plaisir.

LXXIX.

Si le nécessaire est le même pour le riche et pour le pauvre, si ce n'est que le superflu qui fait l'orgueil du riche, il faut avouer que Scopas de Thessalie avoit raison. Un ami lui demandoit je ne sais quel meuble superflu et par conséquent inutile : « Ne sais-tu donc pas, lui « répondit Scopas, que c'est « par les choses superflues que « nous sommes heureux et ri- « ches, et non par le néces- « saire ? »

L X X X.

Imbécille, quand tu devrois ôter à ta femme ses robes de pourpre et ses bijoux, l'empêcher d'étaler un luxe corrupteur et d'attirer autour d'elle tous les étrangers, tu pares ta maison comme un théâtre.

Voilà tout le bonheur de la richesse, c'est d'avoir un grand nombre de spectateurs.

L X X X I.

Est-on malade de corps, la saine raison s'en apperçoit. Mais quand on est malade d'esprit, la raison est malade elle-même, et n'a point de juge de ses maux : c'est celle qui devroit les juger qui se trouve dans un état d'infirmité. La plus grave, la plus funeste des maladies de l'ame, c'est cette déraison qui rend le mal incurable, et qui loge, vit et meurt avec le plus grand nombre des hommes.

L X X X I I.

Il faut, pour guérir, commencer par sentir son mal et y chercher du remede. Mais ceux qui sont malades de l'ame n'ont pas le sentiment de leur mal. Les insensés, les débauchés, les hommes injustes, ne sentent pas les fautes qu'ils font, et quelquefois même ils croient bien faire. On ne voit personne donner à la fievre le nom de santé, à la phthisie celui d'embonpoint, à la goutte celui de souplesse des membres, à la jaunisse celui de teint fleuri : mais on voit des gens qui donnent à l'emportement celui de courage, à l'amour celui d'amitié, à l'envie celui d'émulation, à la lâcheté celui de prudence. Les malades de corps sentent qu'ils ont besoin d'un médecin pour guérir de leurs maux : nos malades d'esprit écartent les sages qui pourroient les guérir ; ils se flattent de bien faire au moment même où ils font le mal.

LXXXIII.

Le malade de corps garde la chambre, se tient au lit, et reste en repos tandis qu'on le soigne. Les malades de l'ame sont plus remuants que jamais, et ne laissent point de treve à leur esprit. Quand ils auroient surtout besoin de rester tranquilles, de se taire, de se tenir renfermés, ils sont entraînés au grand jour par l'humeur querelleuse, par l'amour de la vengeance, qui les forcent à mal agir et à parler sans raison.

L X X X I V.

Ceux qui veulent être peres d'enfants estimables doivent chercher une mere digne de leur donner le jour.

L X X X V.

Euripide a eu raison de dire : « L'homme le plus généreux se « sent dégrader quand il doit « rougir des vices de son pere « ou de sa mere ». Ceux au contraire qui ont eu le bonheur de naître de parents illustres par leurs vertus sont remplis d'une juste fierté.

L X X X V I.

Trois choses doivent concourir à la perfection de la vertu ; le naturel, le raisonnement, l'habitude. Le raisonnement est le produit de l'instruction ; l'habitude, celui de l'exercice. C'est par l'instruction que l'on commence ; par l'exercice que l'on prend de l'habitude ; par l'un et l'autre qu'on s'éleve à la perfection. S'il manque quelqu'une de ces conditions, il faut que la vertu soit boiteuse. Le naturel sans instruction est aveugle; l'instruction qui n'est pas secondée par le naturel est défectueuse; l'exercice sans l'une et l'autre est imparfait. Il en est comme de l'agriculture; il faut d'abord un bon sol, ensuite un habile cultivateur, et enfin de bonnes semences. Dans l'éducation le naturel est le sol; l'instituteur est le laboureur; les raisonnements, les bons avis, sont les semences. Heureux ceux à qui le ciel a procuré tous ces avantages!

L X X X V I I.

Ce n'est pas une foible erreur de croire que, dans les enfants qui ne sont pas heureusement

nés, les défectuosités du naturel ne peuvent être corrigées
par l'instruction et l'exercice
qui les dirigent à la vertu. La
négligence corrompt la bonté
du naturel, l'instruction en répare le vice. Faute de soins,
ce qui est facile à saisir nous
échappe ; avec de la peine, on
parvient à saisir ce qui est difficile. Des gouttes d'eau finissent
par creuser des rochers ; le frottement des mains use l'airain et
le fer. C'est avec peine qu'on
parvient à courber le bois des
roues ; mais quand une fois il a
pris cette courbure, on ne peut
plus lui rendre sa premiere direction. Quel arbre négligé ne
devient pas sauvage ? quel arbre

bien cultivé ne donne pas de doux fruits? Nous voyons que, par le travail, on apprivoise même les animaux du naturel le plus féroce.

LXXXVIII.

Les meres doivent nourrir elles-mêmes leurs enfants, elles-mêmes doivent leur présenter le sein : elles auront pour ces foibles nourriçons plus de tendresse, elles en prendront plus de sollicitude. Eh ! pourroient-elles manquer de les aimer ces enfants qui ont fait partie d'elles-mêmes, qu'elles ont portés dans leurs entrailles ? Des nourrices louées à prix d'argent n'ont pour leurs nourriçons qu'une affection précaire ; ce qu'elles aiment en eux , c'est la récompense qu'elles attendent.

LXXXIX.

La nature , en remplissant de lait le sein des meres , montre que les meres doivent nourrir elles − mêmes l'enfant qu'elles viennent de mettre au jour.

X C.

La tendresse de la mere s'accroît pour l'enfant qu'elle nourrit. Cela doit être ; car l'habitude attache les uns aux autres ceux qu'elle unit, leur inspire une bienveillance mutuelle, et tend sans cesse à l'augmenter. On voit les animaux eux-mêmes témoigner leurs regrets quand on les sépare des autres animaux près desquels ils furent nourris.

X C I.

Cependant si, par la foiblesse de sa complexion ou par quelque autre obstacle, la mere ne peut allaiter elle-même son enfant, elle ne doit pas accepter la premiere nourrice qui se présente ; trop de scrupule ne sauroit présider à ce choix. C'est dès les premiers temps de la vie qu'il faut songer à former les mœurs et le caractere des enfants. L'enfance est molle et flexible ; on peut la pêtrir, la conformer à son gré. L'instruction coule et pénetre dans les

ames encore délicates. Comme
le cachet laisse son empreinte
sur la cire amollie, de même
l'instruction s'imprime dans
l'ame des enfants.

X C I I.

Platon avoit bien raison de défendre que les nourrices fissent
indifféremment toutes sortes
de contes aux enfants : c'est
risquer de remplir leurs jeunes
esprits de sottes idées ou de
principes dangereux. Le poëte
Phocylide a donné un excellent
conseil : « C'est dès l'enfance,
« dit-il, qu'il faut apprendre
« le bien. »

X C I I I.

Il faut que les domestiques qui entourent les enfants, qui contribuent aux services dont a besoin le jeune âge, soient eux-mêmes bien choisis, que leurs mœurs soient honnêtes, que leur langage ne soit pas vicieux. Le proverbe a raison : On apprend à boiter en vivant avec des boiteux.

X C I V.

Quand l'enfant parvient à l'âge où il doit être confié à des précepteurs, c'est alors qu'il faut redoubler de soins pour ne le pas remettre légèrement à des hommes bas, ignorants, légers.

X C V.

Une chose très ridicule et qui n'en est pas moins fréquente, c'est de voir comme on choisit entre ce qu'on a d'esclaves plus sages et plus fideles ceux à qui l'on donne l'intendance de ses biens de campagne, à qui l'on confie le pilotage de son vaisseau, que l'on met à la tête de sa maison, qu'on charge d'une partie de commerce ou d'une caisse de banque ; mais a-t-on un esclave ivrogne, gourmand, qui ne soit bon à rien ? on le trouve assez bon pour lui confier son enfant.

S.

X C V I.

Il n'est rien de plus important dans l'éducation que de
chercher à ses enfants des maîtres irrépréhensibles dans leur
conduite, au-dessus du reproche dans leurs mœurs, instruits
par une grande expérience. Une
bonne éducation est la source et
la racine d'une vie vertueuse.

X C V I I.

Les agriculteurs étançonnent
les jeunes plantes : de même les
sages maîtres soutiennent la dé-
bile jeunesse par de bonnes leçons et de prudents avis. Ce
sont des appuis qu'ils offrent à
ces plantes encore foibles pour

les préparer à produire un jour de bonnes mœurs et des vertus.

XCVIII.

Qui ne seroit indigné contre ces peres qui, par ignorance ou par stupidité, sans éprouver ceux qu'ils doivent choisir pour maîtres à leurs enfants, prennent pour cette importante fonction des hommes inconnus ou mal famés ? Ils méritent cependant qu'on les plaigne quand ils agissent par ignorance. Mais voici le comble de l'absurdité : souvent instruits par des personnes éclairées de toute l'incapacité, de tous les vices des maîtres qu'ils choisissent, ils ne laissent pas de leur confier leurs enfants. Quelle est la cause d'une telle inconséquence ? C'est que les uns ne peuvent résister aux flatteurs qui les caressent, et que les autres n'ont pas la force de se défendre contre les sollicitations de leurs amis. C'est comme si un malade, au lieu de se remettre dans les mains d'un médecin habile qui lui rendroit la santé, se livroit, par complaisance pour un ami, à l'ignorance d'un charlatan qui lui donnera la mort ; ou si, à la priere d'un ami, un voyageur s'embarquoit sous la conduite d'un pilote novice, quand il ne tiendroit qu'à lui de choisir le pilote le plus expérimenté.

Comment peut-on porter le nom de pere, et faire plus d'état d'une priere indiscrete que de l'éducation de ses enfants ?

X C I X.

Cratès l'ancien avoit raison de dire qu'il voudroit pouvoir monter au plus haut de la ville et crier assez fort pour être entendu de tous les habitants : « Insensés, à quoi pensez-vous? « vous vous donnez des peines « infinies pour amasser des ri- « chesses, et vous vous occupez « à peine de vos enfants à qui « vous devez les laisser ! »

C.

Bien des peres portent si loin l'avarice, on pourroit même

dire la haine pour leurs enfants , que , pour s'épargner quelque dépense , ils choisissent de misérables sujets pour les élever , et sont contents quand ils ont trouvé de l'ignorance à bon marché.

C I.

Aristippe railla plaisamment un pere dépourvu d'esprit et de sens. Cet homme lui demanda ce qu'il prendroit pour conduire l'éducation de son fils. « Mille drachmes (1), dit « Aristippe ». « Par Hercule ! « s'écria l'autre, que vous êtes

____

(1) Neuf cents livres de notre monnoie, à dix-huit sous la drachme.

« cher ! mille drachmes ! je
« pourrois pour cette somme-là
« faire emplette d'un esclave ».
« Et qui plus est, vous en auriez
« deux, repartit le philosophe ;
« votre fils, et celui que vous
« auriez acheté. »

C I I.

Qu'arrive-t-il à ces peres qui
ont mal élevé leurs enfants ?
Quand ils les voient, parvenus
à l'âge d'hommes, mépriser
une vie honnête et réglée, et
se plonger dans de honteuses
débauches, ils se repentent d'a-
voir trahi l'éducation qu'ils leur
devoient, et conçoivent trop
tard une douleur inutile. Les
uns s'entourent de flatteurs et

de parasites, hommes perdus, qui perdent la jeunesse à leur tour ; les autres se souillent dans la fréquentation de sales courtisannes qui les ruinent ; d'autres se livrent tout entiers à la débauche de table ; d'autres aux jeux de hasard ; d'autres encore recherchent des plaisirs plus dangereux, s'insinuent dans le lit nuptial, et ne craignent pas de hasarder leur vie pour un instant de volupté.

C I I I.

C'est la bonne éducation qui seule peut conduire à la vertu, qui seule est capable de procurer le bonheur. Les autres biens ont toute la fragilité de la nature humaine, et méritent bien peu d'être recherchés. Une brillante origine est un avantage, mais que l'on tient de ses peres : la richesse est honorée; mais elle appartient à la fortune; souvent elle est enlevée à ceux qui la possedent, et transportée à ceux qui ne songeoient pas même à l'espérer. Eh ! que sont les grandes richesses ? Un appât pour les coupeurs de bourses, les valets frippons et les délateurs : ce qu'il y a de pis, elles ne sont que trop souvent accordées aux plus grands scélérats. La gloire procure des respects ; mais elle est peu solide. La beauté n'est pas méprisable ; mais elle est de courte durée. La santé est un grand bien , mais qu'on perd aisément. La force est digne d'envie ; une maladie, la vieillesse nous en prive. Comme il se trompe , l'homme qui s'enorgueillit de sa force ! qu'elle est peu de chose , comparée à celle de l'éléphant, du taureau , du lion !

C I V.

De tous nos biens , l'éducation seule est divine , seule elle est immortelle. L'intelligence et la raison , voilà les deux choses qui , dans la nature de l'homme , tiennent le premier rang. L'intelligence a l'empire, la raison lui sert de ministre. La fortune ne peut la réduire aux fers, la délation ne sauroit la perdre, la maladie la détruire, la vieillesse l'altérer. L'intelligence seule en vieillissant se rajeunit. Le temps, qui enleve tout, ne fait qu'ajouter à la vieillesse de nouvelles connoissances. Il n'est rien que la guerre ne ravage, n'entraîne comme un torrent : elle ne peut ravir l'éducation qu'on a reçue.

C V.

C'est une réponse mémorable que celle de Stilpon à Démétrius. Ce prince venoit de détruire jusqu'en ses fondements la ville de Mégare, la patrie de ce philosophe. Il lui demanda s'il n'avoit rien perdu. « Rien,

« répondit le sage ; car la guerre
« ne pille pas la vertu. »

C V I.

Quelqu'un, c'étoit, je crois,
Gorgias, demandoit à Socrate
quelle idée il avoit du roi de
Perse, et s'il le croyoit heureux. « J'ignore, répondit So-
« crate, s'il est vertueux et
« bien élevé. »

C V I I.

Le jeune homme qui a reçu
une bonne éducation ne doit
être ignorant dans aucune des
sciences communes : mais,
comme il est impossible de tout
porter à la perfection, il ne
doit faire que les parcourir et

en quelque sorte y goûter.
C'est la philosophie qui mérite
le premier rang ; c'est pour elle
qu'il doit se réserver. Il en est
comme des villes : il est bon
d'en connoître plusieurs ; il
faut se fixer dans celle qui mérite la préférence.

C V I I I.

Bion disoit que, comme les
amants de Pénélope, ne pouvant obtenir ses faveurs, se
dédommageoient avec ses ser-
vantes, on voyoit de même des
hommes qui, ne pouvant s'é-
lever à la philosophie, s'épui-
soient sur des sciences qui ne
sont d'aucune valeur.

CIX.

L'étude de la sagesse doit être le principal objet de l'éducation. Seule la philosophie est le remede de toutes les infirmités, de toutes les maladies de l'ame. C'est par elle et avec elle qu'il nous est accordé de connoître ce qui est beau, ce qui est honteux, ce qui est juste, ce qu'on doit éviter, ce qu'il faut choisir : c'est elle qui nous apprend comment il faut se comporter avec ses parents, son épouse, ses enfants, ses domestiques. Elle nous enseigne qu'il faut adorer les dieux, révérer ses parents, respecter les vieillards, obéir aux loix, se soumettre aux magistrats, cultiver ses amis , aimer sa femme , chérir ses enfants , et ne pas maltraiter ses esclaves : mais elle nous apprend sur-tout à ne pas trop nous réjouir de la prospérité, ni trop nous affliger des malheurs ; à ne pas nous amollir dans le sein des voluptés, ni nous laisser emporter dans la colere à des accès féroces. Tels sont, je crois, les plus grands biens que nous recueillions de la philosophie.

C X.

Il est trois différentes manieres de vivre ; l'une active, l'autre contemplative , la troisieme consiste à jouir. Cette vie dissolue et esclave des voluptés nous abaisse au rang des animaux, et ne convient qu'à des ames ignobles. La vie contemplative, quand elle ne se joint pas à la vie active, nous rend inutiles. La vie active, sans la philosophie, se passe dans l'ignorance et est le jouet de l'erreur. Il faut donc à-la-fois, et autant que les circonstances le permettent, s'occuper des affaires et cultiver la philosophie.

C X I.

Il est bon, il est même indispensable, dans l'éducation, de ne pas négliger les écrits des anciens, et de faire un choix de bons livres.

C X I I.

Les exercices du corps ne doivent pas être négligés : ils sont nécessaires pour en augmenter la force et lui donner une bonne conformation. C'est l'heureuse constitution du corps qui, dès l'enfance, peut être regardée comme le fondement d'une belle vieillesse. Dans le temps serein, il faut se préparer un abri contre l'orage ; dans le jeune âge, il faut se faire une constitution capable de conduire à la vieillesse.

C X I I I.

Le plus important c'est de former la jeunesse aux exercices militaires. Qu'elle tire des fleches, qu'elle lance des javelots, qu'elle se fasse un jeu de la chasse. La guerre ne veut pas d'hommes qui aient été nourris à l'ombre. Un soldat maigre et sec, mais accoutumé aux combats, l'emporte sur un vigoureux athlete et met en fuite les phalanges ennemies.

C X I V.

C'est par des exhortations et des raisonnements qu'il faut conduire les jeunes gens au bien : les mauvais traitements et les coups ne conviennent qu'à des esclaves et dégradent des hommes libres. Les éloges et les réprimandes doivent être employés tour-à-tour , celles-ci pour détourner du mal, ceux-là pour encourager au bien. Il faut savoir en faire un habile mélange ; les faire adroitement succéder les uns aux autres. Humilier l'enfant par des reproches lorsqu'il s'enfle de trop d'orgueil , le relever ensuite par des éloges quand il semble abattu , c'est imiter les nourrices qui, après avoir fait pleurer les enfants, leur présentent le sein pour les consoler.

C X V.

J'ai vu des peres qui, à force d'aimer leurs enfants , ne les aimoient pas. Que veux-tu dire? me demandera-t-on. Je vais me faire entendre. Ils veulent que leurs enfants soient tout de suite des merveilles en tout ; ils les accablent de travaux excessifs. Les petits malheureux, excédés de fatigue, rejettent cet excès d'instruction et n'en profitent pas. Distribuée avec modération, l'eau nourrit les plantes; prodiguée avec excès, elle les étouffe. Il en est de même de l'esprit : un travail mesuré contribue à son accroissement ; il est abattu par l'excès du travail. Donnez du relâche aux enfants, et songez que notre vie entiere est une succession de travail et de repos.

C X V I.

On doit blâmer les peres qui, après avoir remis leurs enfants à des précepteurs, à des maîtres, ne se mêlent plus de leur instruction, et n'assistent jamais aux leçons qu'on leur donne. Ils devroient les examiner de temps en temps eux-mêmes, et ne pas donner une confiance sans réserve à des mercénaires qui donneront bien plus d'attention à leur emploi, s'ils savent qu'ils auront un compte à rendre de leur conduite. On peut appliquer ici le mot d'un écuyer. « Rien, « disoit-il, n'engraisse plus les « chevaux que l'œil du roi. »

C X V I I.

Il faut sur-tout exercer et fortifier la mémoire des enfants. On a dit que la mémoire étoit la mere des Muses, pour faire connoître que c'est elle qui engendre et nourrit les idées.

C X V I I I.

Ce n'est pas seulement pour acquérir de l'érudition que la mémoire est utile; elle l'est encore pour la conduite de la vie. C'est le souvenir des évènements passés qui fournit des exemples pour délibérer sagement sur les évènements à venir.

C X I X.

Qu'on fasse horreur aux enfants de prononcer des paroles indécentes. « Le discours, disoit Démocrite, est l'ombre des actions. »

C X X.

Qu'on accoutume les enfants à être affables et polis. Rien de plus désagréable que ces hommes repoussants qui manquent d'affabilité. C'est un moyen de se faire aimer que de savoir céder dans la dispute ; de ne pas ignorer qu'il est beau non seulement de vaincre, mais aussi de céder la victoire ; et que nous rendant odieux, elle pourroit quelquefois se tourner contre nous-mêmes. Ici le sage Euripide témoigne en ma faveur. « Quand, dit-il, deux hommes « disputent, et que l'un est en « colere, le plus sage est celui « qui cede. »

C X X I.

Il est de l'homme sage de ne pas se livrer à la colere. Un jeune impudent donna un coup de pied à Socrate. Ceux qui entouroient le sage furent indignés : ils vouloient qu'il appelât le coupable en justice. « Mais, « leur dit-il, si un âne m'avoit « donné un coup de pied, me « conseilleriez-vous de lui en « rendre un autre ? »

C X X I I.

Architas de Tarente, revenant de la guerre où il avoit été général, trouva sa terre en friche. Il appela son intendant. « Tu serois perdu, lui dit-il, si « je n'étois pas en colere. »

C X X I I I.

Platon étoit violemment irrité contre un esclave gourmand et vicieux. Il fit venir le fils de sa sœur. « Punis-moi, lui dit- « il, ce malheureux ; car pour « moi je suis trop échauffé. »

C X X I V.

Il est des peres qui, après avoir donné des précepteurs et

des maîtres à leurs enfants, se croient quittes de tout, et abandonnent leur adolescence à toute leur impétuosité. Elle doit cependant être encore plus surveillée que l'enfance. Qui ne sait que les fautes des enfants sont légeres, et qu'on peut y remédier ? ce sont des désobéissances à leurs maîtres, des indocilités. Mais souvent les fautes des adolescents peuvent être graves, et avoir des suites malheureuses : telle est l'incontinence, le vol fait à leurs parents, la fureur des jeux de hasard, les débauches de table, la corruption des jeunes filles, la honte portée dans les maisons des femmes mariées ; tous excès qu'on ne sauroit contenir avec trop de vigilance , ni enchaîner trop fortement.

C X X V.

Cet âge ne peut résister au plaisir : il s'échappe, s'emporte, et a besoin de frein. Si l'on n'oppose pas de puissantes barrieres à son impétuosité, on risque de lui ouvrir la carriere du crime. C'est donc alors sur-tout qu'un sage pere doit se tenir sur ses gardes, veiller sur les mœurs de ses enfants, les conserver par des instructions, des menaces, des prieres, des conseils, des promesses, des exemples de tant de jeunes gens qui sont tombés dans le malheur pour s'être livrés au plaisir , et de ceux qui , pour y avoir résisté , ont obtenu des éloges et sont parvenus à la gloire.

C X X V I.

L'espérance de la gloire, la crainte du châtiment, sont, en quelque sorte , les instruments de la vertu.

C X X V I I.

Il faut sur-tout écarter les jeunes gens des mauvaises compagnies : car c'est avec elles qu'ils se forment au vice.

C X X V I I I.

De toutes les compagnies dan·gereuses , la pire est celle des flatteurs. Il n'est pas d'hommes plus pernicieux ni plus habiles à prendre la jeunesse dans leurs filets. Ils perdent les fils et les peres, sement de maux la jeunesse des uns et la vieillesse des autres ; et pour rendre ceux qu'ils attaquent dociles à leurs perfides conseils, ils offrent la volupté comme un appât irrésistible. Les peres opulents exhortent leurs enfants à la tempérance ; et les flatteurs, à la débauche : les peres à une conduite réglée ; et les flatteurs, au déréglement : les peres à épargner ; et les flatteurs, à prodiguer : les peres au travail ; et les flatteurs, à l'indolence. « La « vie, disent-ils, n'est qu'un

point du temps ; il faut mettre
« à profit sa courte durée ; on en
« perd tout ce qu'on ne donne
« pas au plaisir. Laissons gron-
« der et menacer les peres ,
« vieux radoteurs qui ont un
« pied dans le tombeau. »

C X X I X.

Je crois que les peres ne doivent pas être trop durs et trop
revêches. Il est bon qu'ils aient
souvent de l'indulgence pour
les fautes de leurs enfants. Ils
ne doivent pas oublier qu'ils
ont été jeunes eux-mêmes.

C X X X.

Comme les médecins mêlent
des sucs agréables aux drogues

ameres, et ont imaginé des moyens flatteurs de parvenir à l'utile, il faut que les peres sachent tempérer par de la douceur la sévérité des réprimandes. Quelquefois ils doivent lâcher adroitement la bride aux passions de leurs enfants, quelquefois la tenir haute, ou du moins ne pas tarder à s'appaiser après l'accès du premier emportement. Il vaut mieux qu'un pere ait de la vivacité, que de conserver un ressentiment qui pourroit ressembler à de la haine.

C X X X I.

Il est bon de paroître ne pas appercevoir certaines fautes. La vieillesse a la vue foible et l'ouïa dure : il faut tirer habilement parti de ces infirmités pour ne pas voir certaines choses qu'on voit très bien, et ne pas entendre ce qu'on a très bien entendu. Nous supportons les fautes de nos amis : quelle merveille que nous supportions celles de nos enfants ? C'est par l'indulgence qu'on parvient à domter la fougueuse jeunesse.

C X X X I I.

Si le jeune homme est incapable de résister aux plaisirs, s'il se montre rebelle aux conseils, il faut l'engager dans les nœuds du mariage : c'est le lien le plus sûr pour retenir la jeunesse. Mais prends garde de lui

choisir une épouse d'une condition trop au-dessus de la sienne. Ceux qui prennent des femmes bien plus riches qu'eux ne
sont pas les maris de leurs épou-
ses, mais les esclaves de la dot
qu'elles ont apportée.

C X X X I I I.

Il reste encore quelques conseils à donner aux peres. Qu'ils
ne se permettent pas de faire
eux-mêmes des fautes : c'est en
se conformant à leurs propres
leçons qu'ils doivent s'offrir en
exemples à leurs enfants. Quand
eux-mêmes osent commettre les
fautes qu'ils leur reprochent,
ils s'accusent et se condamnent
en voulant les reprendre. Mais

s'ils se rendent coupables d'une conduite absolument vicieuse, ils ne sont pas même dignes de reprendre des esclaves débauchés, loin de pouvoir réprimander leurs enfants. Tout le mal qu'ils font eux-mêmes ils le leur conseillent, ils leur en donnent des leçons.

C X X X I V.

Quand des vieillards sont sans pudeur, il faut que leurs enfants ne connoissent aucune honte.

C X X X V.

C'est la même chose d'obéir à Dieu ou d'obéir à la raison. Pour les hommes sensés, passer de la jeunesse à l'âge viril, ce

n'est pas secouer toute domination, c'est en changer ; c'est se
soustraire à la conduite d'un
précepteur mercénaire, pour
passer sous les loix de la divine
institutrice de notre vie, la raison. Ceux qui lui obéissent sont
les seuls hommes libres : car
ceux qui ont appris à vouloir ce
qu'ils doivent, sont les seuls qui
vivent en effet comme ils le
veulent. Avec les passions effré-
nées de l'ignorance, on n'a
qu'une liberté foible et ignoble
qu'accompagnent de fréquents
repentirs.

CXXXVI.

Théophraste dit que l'ouïe
est le plus passionné de tous

nos sens ; car rien de ce qu'on voit, de ce qu'on regarde, de ce qu'on peut toucher, ne cause les mêmes transports, les mêmes troubles, les mêmes terreurs, que certains bruits, certains éclats, certains sons, excitent dans notre ame.

CXXXVII.

On peut dire aussi qu'elle est le plus raisonnable des sens. Bien des parties de notre corps s'offrent au vice pour lui ouvrir l'entrée de notre ame : mais l'oreille, pourvu qu'elle soit pure, qu'elle n'ait point été corrompue par la flatterie, et que, dès le commencement, on l'ait tenue inaccessible aux mauvais discours, est la seule qui, chez les jeunes gens, donne prise à la vertu.

C X X X V I I I.

Le jeune homme qui n'a rien entendu ne sera pas seulement stérile en vertus, mais fertile en vices. Son ame sera comme ces terres abandonnées que nous voyons si fertiles en plantes sauvages.

C X X X I X.

Le penchant à la volupté, le dégoût du travail, ne sont pas pour l'homme des étrangers qui viennent du dehors chercher un asyle dans son sein : ils y sont nés, et y font naître à leur tour

mille passions et des maux in-
nombrables. Qu'on leur laisse
un libre cours, qu'on ne leur
oppose pas de fortes digues,
qu'on ne les détourne pas par
de sages leçons, qu'on ne recti-
fie pas le naturel de l'homme,
il n'est pas d'animaux qui ne
soient moins féroces que lui.

C X L.

La plupart des hommes s'exer-
cent à parler avant de s'être for-
més à entendre. Ils croient bien
qu'il existe une science de parler, qu'elle exige des études,
qu'elle peut être soumise à des
principes ; mais ils pensent qu'il
est bon d'écouter de quelque
maniere que ce soit.

C X L I.

Pour bien jouer à la balle, il faut savoir la jeter et la recevoir. Pour faire un bon emploi de la raison, il faut la bien recevoir avant de la répandre, comme, dans la génération, il faut concevoir avant de produire.

C X L I I.

Si tu entends faire le récit d'un repas, d'une cérémonie, d'un rêve, d'une querelle, tu écoutes en grand silence, tu deviens tout oreilles : mais s'il s'agit d'entendre quelque chose d'utile, si l'on te tire à part pour te montrer ton devoir, pour te reprendre sur quelque

faute , pour calmer tes empor-
tements de colere , tu n'y tiens
pas ; ou tu entres en contesta-
tion avec celui qui te parle , si
tu as quelque espérance de
l'emporter sur lui dans la dispute , ou tu prends la fuite pour
aller écouter ailleurs des pué-
rilités.

C X L I I I.

Ceux qui savent bien dresser
des chevaux les rendent sen-
sibles au frein. Ceux qui savent
bien élever les jeunes gens leur
apprennent à bien écouter ,
et leur enseignent qu'il faut
beaucoup entendre et parler
peu.

C X L I V.

Spintharus, faisant l'éloge d'Epaminondas, disoit qu'il seroit difficile de trouver un homme qui sût davantage et parlât moins.

C X L V.

Le silence est pour un jeune homme une utile parure. S'il a pris l'habitude de se taire à propos, il sait écouter un homme sans le troubler, sans l'interrompre à chaque mot. Cet homme lui dira quelquefois des choses peu agréables ; n'importe : il ne lui coupera pas la parole, il ne se dépêchera pas de répondre. Quand il paroîtra même avoir tout dit, il lui laissera le temps d'ajouter encore, s'il le veut, quelque chose à sa pensée, d'y faire quelques changemens. Ceux qui ne répondent jamais assez tôt, qui ne savent ni écouter ni se faire entendre, qui ont toujours des objections à faire à celui qui a pris la parole, sont impolis et insupportables.

CXLVI.

Comme on fait sortir l'air d'une outre qu'on veut remplir de quelque liqueur, il faut aussi faire sortir de la tête des jeunes gens le fol orgueil et la présomption ; sans quoi, remplis de vent et de fumée, ils sont incapables de rien recevoir d'utile.

CXLVII.

L'envie , toujours maligne et haineuse, n'est jamais bonne à rien ; ou plutôt il n'est aucun bien à quoi elle ne mette obstacle : mais sur-tout elle est une bien fâcheuse compagne , une bien mauvaise conseillere pour celui qui écoute. Elle lui rend tristes, désagréables, odieuses, les choses les plus utiles qu'il entend ; car c'est toujours ce qu'il y a de mieux dit qui plaît le moins à l'envieux. Celui qui porte envie à la richesse , à la réputation , à la beauté , n'est envieux que des avantages d'autrui : mais porter envie à des choses bien dites, c'est s'envier à soi-même son propre bien et s'en affliger ; car la lumiere appartient à ceux qui la voient, et les bons discours à ceux qui les écoutent, s'ils veulent les recevoir.

CXLVIII.

Celui que son orgueil et sa folle ambition rendent envieux des bons discours ne peut donner son attention à les écouter. Au lieu d'en jouir, il est toujours troublé, toujours distrait ; il ne songe qu'à chercher s'il ne le cede pas en talents à celui qui parle. Il a les yeux fixés sur les autres ; il ne les perd pas de vue ; il examine s'ils ne sont pas contents, s'ils n'éprouvent

pas de l'admiration. Il souffre,
il est dans une situation cruelle
s'ils accordent des éloges à ce
qu'ils entendent ; il s'aigrit contre eux de l'attention qu'ils y
donnent. Il s'efforce d'oublier
ce qu'il vient d'entendre, parceque le souvenir l'en afflige :
ce qu'il n'a pas encore entendu, il ne l'attend qu'avec un
sentiment de crainte : il trem-
ble que la suite du discours ne
soit plus belle encore que ce
qui a déja été prononcé. L'en-
droit où le discours est le plus
beau est celui où il en attend
la fin avec le plus d'impatien-
ce. Quand il est enfin terminé,
il ne s'en occupe plus ; mais il
écoute les paroles, il cherche

à pénétrer les pensées des auditeurs. Il fuit, la rage dans le cœur, loin de ceux qui en font l'éloge ; il s'attache, il applaudit à ceux qui en font une injuste censure, qui en intervertissent le sens et en alterent les beautés ; il rit avec eux du rire douloureux de l'envie. S'il ne trouve personne qui l'aide à dégrader les belles choses qu'il vient d'entendre, il trouve une autre consolation : c'est de se faire le prôneur de quelques jeunes gens, et de soutenir qu'ils ont parlé bien mieux et avec bien plus de force sur le même sujet. A force de peine, il parvient à corrompre en lui-même le son de l'ouïe et à se le rendre inutile.

C X L I X.

Il faut que l'émulation et le plaisir d'entendre fassent treve ensemble. On doit écouter avec indulgence, et recevoir ce que l'orateur nous donne comme si l'on étoit invité à prendre sa part d'un festin religieux ou des prémices d'un sacrifice ; louer ses talents quand il a rempli son but, et, dans le reste, montrer de la reconnoissance de ce qu'il veut bien nous communiquer ce qu'il sait, de ce qu'il prend la peine de chercher à persuader aux autres ce qu'il regarde comme des vérités utiles.

C L.

Quand l'orateur a raison, il ne faut pas croire que ce soit un bonheur qu'il doive au hasard, ni que la vérité se soit offerte à lui d'elle - même ; pensons qu'elle lui a coûté des peines et des études ; accordons-lui l'estime qu'il mérite, et proposons-nous de l'imiter. Quand il se trompe, cherchons ce qui l'a fait tomber en erreur, et tirons avantage de ses fautes. Appliquons - nous à nous-mêmes la critique que nous en faisons ; remarquons ses défauts pour nous corriger des nôtres ; examinons si nous n'en avons pas de semblables. Il est aisé de reconnoître les défauts des autres ; mais cette facilité nous est inutile, si nous ne nous en servons pas pour corriger en nous des défauts semblables et nous tenir en garde contre eux.

C L I.

Quand on voit quelqu'un faire des fautes, il faut toujours se demander à soi-même, comme Platon : « Ne lui res- « semblé-je pas ? »

C L I I.

Il n'est pas difficile, il est même fort aisé de critiquer ce qu'on entend : dire mieux soi-même, voilà ce qui est difficile. Cela rappelle le mot d'un Lacédémonien. Il apprenoit que Philippe venoit de raser Olyn-the. « Il ne sauroit, dit-il, éle-« ver une ville semblable. »

CLIII.

L'admiration est le contraire du mépris ; elle est familiere aux ames douces, aux caracte-res bienveillants. Il faut être en garde contre cette qualité ; elle exige peut-être même qu'on se garantisse encore plus de ses excès que de ceux du défaut con-traire. Les hommes méprisants et présomptueux ne tirent au-cun fruit de ce qu'ils écoutent : ce qu'écoutent les hommes foi-bles et trop portés à l'admira-tion peut leur faire beaucoup de mal. On doit louer avec candeur celui qui parle, mais non pas se laisser entraîner sans précaution à ses discours; avoir de la bienveillance pour ses talents, mais examiner sévèrement la vérité de ses paroles. C'est ainsi que l'auditeur ne sera pas pour l'orateur un injuste ennemi, et que celui-ci n'aura pas le pouvoir de lui nuire.

C L I V.

Il arrive trop souvent que, par une bienveillance excessive ou par une dangereuse confiance en celui qui parle, on adopte des erreurs ou des principes funestes.

C L V.

Dans les matieres philoso-
phiques, on ne doit pas se laisser entraîner par l'autorité de
celui qui parle; il faut recher-
cher les fondements de sa doc-
trine.

C L V I.

Ecartons dans ces sortes de
sujets les ornements du langage, et ne cherchons que les
fruits du discours: ce ne sont
pas les bouquetieres, mais les
abeilles, que nous devons imiter. La bouquetiere ne s'attache
qu'aux belles formes, aux cou-
leurs flatteuses, aux odeurs
suaves; elle les assortit, et en
compose un ouvrage inutile et

qui ne durera qu'un jour. L'abeille traverse, sans s'y arrêter, la prairie émaillée de violettes, de roses, d'hyacinthes : mais elle se fixe sur le dur et âcre serpolet ; elle en extrait des sucs utiles, et vole à son laboratoire en composer un miel délicieux.

C L V I I.

C'est par un retour sur soi-même qu'il faut juger un discours philosophique. Examinons s'il a rendu quelqu'une de nos passions plus paisible, quelqu'une de nos souffrances plus légere, notre raison plus ferme, notre enthousiasme pour la vertu plus ardent. « Un

« bain , un discours qui ne
« nettoie pas est inutile , disoit
« Ariston. »

C L V I I I.

Il est d'un esprit léger de
louer ce qui a été dit, sans savoir, sans se soucier d'apprendre si ce qui a été dit est utile
ou sans utilité, nécessaire ou
superflu.

C L I X.

Bien des gens aiment à entendre parler un philosophe de
ce qui ne les intéresse pas eux-
mêmes. Tant qu'il ne leur dit
que des choses qui leur sont
inutiles, ils l'applaudissent, ils
l'admirent : mais le sage en

vient-il à des sujets qui les con-
cernent, ou dont ils peuvent
aisément se faire l'application ;
leur parle - t - il avec liberté ;
leur donne - t - il de graves et
utiles leçons ; ils trouvent qu'il
prend une peine inutile, et re-
çoivent impatiemment ses conseils : ils croient que c'est uni-
quement pour le plaisir qu'on
écoute des philosophes dans
leur école comme des comédiens sur le théâtre.

C L X.

Dans les applaudissements
qu'on accorde à un discours, il
faut garder de la modération.
Il est également peu digne d'un
homme honnête d'être trop

avare ou trop prodigue de louanges. C'est un auditeur désagréable que l'homme à qui rien ne sauroit plaire, que rien ne sauroit toucher. Plein d'orgueil, et content seulement de lui-même, il veut par ses dédains faire croire qu'il seroit capable de dire quelque chose de mieux. Il ne remue pas le sourcil, il ne prononce pas un seul mot qui témoigne son contentement; mais il garde un profond silence et se renferme dans une gravité étudiée. Ce qu'il cherche, c'est de passer pour un homme profond. En accordant une louange, il croiroit s'appauvrir comme s'il donnoit de l'argent.

CLXI.

Bien des personnes ont mal saisi le sens d'un mot de Pythagore. Il disoit qu'il avoit gagné à la philosophie de ne rien admirer. Mais ce que nous ôte la philosophie, c'est l'admiration, la stupeur de l'ignorance et de la stupidité, parcequ'elle nous fait connoître les causes des choses naturelles ; mais elle ne nous ôte pas l'honnêteté, la magnanimité. C'est un honneur pour un homme bon et vrai d'accorder des hommages à ceux qui en sont dignes ; il se releve lui-même par les éloges qu'il leur donne, et fait voir qu'il a trop de mérite pour envier le mérite d'autrui. Mais les gens avares de louanges peuvent faire soupçonner qu'ils éprouvent eux - mêmes une grande disette de qualités loua bles.

CLXII.

D'un autre côté c'est montrer un esprit étroit que de ne rien juger en grand, de s'arrêter aux moindres détails, de se récrier sur tous les mots, sur toutes les syllabes. De cette maniere on déplaît souvent à l'orateur même qu'on interrompt mal-à-propos pour applaudir ; on est toujours incommode aux auditeurs qu'on distrait, quand ils veulent être le plus attentifs ; on passe enfin ou pour un moqueur, ou pour un sot, ou pour un flatteur.

C L X I I I.

Dans les états populaires où les emplois se tirent au sort, si l'on a le sort favorable on commande aux autres ; sinon on reste, sans se plaindre, dans une condition privée. C'est ainsi que nous devons nous prêter aux évènements de la vie : si l'on est incapable de cette résignation, on ne saura pas même supporter avec prudence et modération la bonne fortune.

C L X I V.

Le sage prévoit tous les malheurs qui lui peuvent arriver.

Quand ils surviennent, il travaille à les alléger autant qu'il est possible ; et, s'il ne peut en diminuer le poids, il se résigne à le supporter.

C L X V.

Qu'ils sont stupides ces hommes qui, pour s'être enrichis, pour s'être vus élevés à quelque magistrature, pour avoir obtenu quelque emploi dans la république, regardent leurs inférieurs avec mépris, et menacent de les écraser de leurs grandeurs ! Ils ne songent pas à l'instabilité de la fortune ; ils semblent ignorer avec quelle promptitude elle renverse ceux qui sont élevés, elle éleve ceux

qui languissent dans l'humilia-
tion.

C L X V I.

Le moyen le plus sûr de se
rendre inaccessibles aux cha-
grins, c'est de se bien pénétrer
de l'inconstance du sort , et
de se tenir préparés à tous ses
caprices ; non seulement nous
sommes mortels , mais tout ce
qui nous touche est changeant
et périssable.

C L X V I I.

Tu es homme, et tu tombes
dans le malheur. Qu'y a-t-il
d'étonnant ? N'est – ce pas un
évènement auquel tous les hommes sont exposés?

13.

C L X V I I I.

Voilà un malheur auquel je ne m'attendois pas : il falloit s'y attendre, et méditer d'avance sur l'incertitude des choses humaines.

L X I X.

L'état de l'homme après sa mort est le même qu'avant sa naissance, à moins qu'on ne veuille trouver différent de n'être pas ou de n'être plus.

C L X X.

Nous ne pleurons pas les morts eux-mêmes, mais les agrémens qu'ils nous procuroient : ou si ce sont les morts que nous pleurons, il faut nous consoler en pensant qu'ils ne souffrent plus aucun mal.

CLXXI.

Platon vouloit qu'on reçût en paix tous les évènements ; car nous ne savons pas s'ils sont malheureux ou prosperes, et notre douleur ne pourroit les changer.

CLXXII.

L'homme n'a rien en pro-pre; il administre les biens que les dieux lui confient, et qu'ils retirent quand il leur plaît. La vie même est un dépôt qu'il a reçu de leurs mains, et ils n'ont pas fixé de terme pour le re-prendre.

CLXXIII.

Qui sait si ce n'est pas par une providence paternelle que les dieux ont ôté la vie à celui que tu pleures, pour lui épargner les maux qu'il auroit eus à souffrir ?

CLXXIV.

Xénophon, disciple de Socrate, offroit un sacrifice. On vint lui annoncer la mort de Gryllus, son fils. Il ôta la couronne de dessus sa tête, et demanda comment il étoit mort. « Vaillamment, lui répondit-« on, combattant à la tête des « troupes, et entouré d'enne-« mis tués de sa main ». Xéno-

phon prit quelques instants
pour calmer par sa raison les
premiers mouvements de la nature; puis, remettant la couronne sur sa tête, il continua
le sacrifice. «Je n'avois pas de-
« mandé aux dieux, dit-il,
« d'accorder à mon fils l'im-
« mortalité, ni même une lon-
« gue vie; j'ignorois si cela lui
« étoit utile : mais j'ai demandé
« qu'il fût homme de bien et
« qu'il aimât sa patrie; ils ont
« exaucé mes vœux. »

C L X X V.

Dion de Syracuse tenoit conseil sur les affaires d'état. On
entendit aussitôt de grands cris
dans la maison, et on vint lui

apprendre que son fils s'étoit tué en tombant du haut du toit. Il ordonna de remettre le corps aux femmes pour l'ensevelir, et reprit la délibération que cet accident avoit interrompue.

C L X X V I.

Ce n'est pas mal-à-propos qu'on applique aux ambitieux la fable d'Ixion. Il vouloit embrasser Junon, et n'embrassa qu'une nuée.

C L X X V I I.

L'homme consommé dans le bien et parfaitement vertueux se passeroit entièrement de la gloire, si ce n'est qu'elle lui facilite le moyen de faire de belles actions en lui donnant une autorité fondée sur la confiance qu'il inspire. Cependant qu'un jeune ambitieux s'enorgueillisse de la gloire que lui procure ce qu'il fait de bien, c'est ce qu'on doit lui permettre. Les vertus qui germent et fleurissent à cet âge sont soutenues par la louange, et la noble fierté qu'elles inspirent contribue à leur accroissement.

CLXXVIII.

Mais l'excès de cet orgueil est dangereux. Il entraîne à une folie manifeste et à des fureurs insensées ceux qui se sont élevés à une grande puissance, lorsqu'ils ne regardent pas comme glorieux tout ce qui est bien, mais comme bien tout ce dont ils attendent de la gloire.

CLXXIX.

Pour être heureux du véritable bonheur, qui consiste surtout dans les mœurs et dans le caractere, il est aussi indifférent d'être né dans une humble et obscure cité, que d'être fils d'une mere qui manquoit de beauté ou qui étoit d'une petite taille. Il seroit ridicule de croire que Julis, qui n'est qu'une petite partie de la petite isle de Céos, produira de bons comédiens, de bons poëtes, et qu'elle ne sauroit produire un homme juste, tempérant, prudent et magnanime. Les arts qui ont besoin d'être encouragés, qui ne peuvent se passer de la gloire, languiroient dans de petites villes peu florissantes : mais la vertu, quand elle trouve une ame honnête et active, ressemble à ces plantes vigoureuses qui prennent racine dans toute sorte de terrains.

C L X X X.

Il est nécessaire d'être éloquent pour gérer les affaires de la république ; mais c'est une foiblesse dans l'homme d'état de se complaire lui-même en son éloquence et d'affecter la gloire de rhéteur.

14.

CLXXXI.

Les états seront délivrés de leurs maux, quand, par un heureux hasard, un grand pouvoir et une grande sagesse se trouveront unis à l'équité.

CLXXXII.

Numa mit plus de décence et de retenue que Lycurgue à la garde des jeunes filles. Les loix de Lycurgue laissoient à celles de Sparte une liberté qui a donné lieu de parler aux poëtes, comme Ibycus, qui les traite de montreuses de cuisses et de folles des hommes. En effet, les côtés de leurs robes n'étoient pas cousus par en bas, mais ouverts, en sorte qu'en marchant elles montroient toute la cuisse; et elles quittoient la maison pour aller aux exercices avec les jeunes gens. Aussi devenoient-elles hardies; et, même avec leurs maris, c'étoient des hommes, gouvernant la maison, s'y prenant de hauteur pour y commander, se mêlant des affaires publiques, et parlant librement sur les plus grands intérêts de l'état. Au contraire, Numa, en laissant aux femmes l'honneur et la dignité qu'elles doivent avoir, leur inspira beaucoup de pudeur, leur interdit la curiosité, leur apprit à être sobres, leur fit prendre l'habitude du silence, leur interdit absolument l'usage du vin, et ne leur permit de parler des choses même les plus nécessaires qu'en présence de leurs époux. On raconte qu'une femme ayant elle-même plaidé sa cause sur la place, le sénat fit consulter l'oracle pour savoir ce que cet évènement présageoit à la république. Le souvenir qu'on a conservé des femmes romaines qui se sont mal conduites est une grande preuve de la douceur et de la docilité des autres. Comme nos historiens ont coutume de marquer quel est le premier qui s'est souillé du sang d'un citoyen, qui a fait la guerre à ses freres, qui a tué son pere ou sa mere; de même les Romains rapportent que Spurius Carvilius fut le premier qui répudia sa femme, deux cents trente ans après la fondation de Rome, et qu'il n'étoit arrivé jusques-là rien de semblable; et que la femme de Pinarius, nommée Thalea, fut la premiere qui eut une querelle avec sa belle-mere Gegania, sous le regne de Tarquin le superbe : tant il est vrai que le législateur avoit porté de sages réglements sur le mariage.

C L X X X I I I.

L'amour a tant de modestie, de continence, de fidélité, que

s'il entre dans des ames étrangeres à ces vertus, il les leur fait concevoir. Des filles esclaves, parcequ'elles aimoient, ont refusé d'entrer dans le lit des héros : de simples particuliers ont, par amour, refusé les faveurs des reines. Ceux que l'amour domine deviennent libres de toute autre domination.

CLXXXIV.

Une femme bien née et qui aime son époux supporteroit plutôt les approches des dragons et des ours que les caresses d'un autre homme. Camma nous donne un exemple de cette vérité. Elle étoit d'une grande beauté ; son époux, nommé Sinatus, étoit l'un des chefs de la Galatie. Elle eut le malheur de plaire à Synorix, le plus puissant des Galates. Comme il désespéroit de la séduire tant que son mari verroit le jour, il lui donna la mort. Camma chercha son refuge et sa consolation dans le temple de Diane : elle n'en sortoit pas ; et, recherchée par un grand nombre de prétendants, elle ne voyoit personne. Sinorix prit enfin le parti de lui faire des propositions de mariage : elle ne les rejeta pas, et ne fit à l'assassin de son époux aucun reproche de son crime. Plein de confiance, il vient au temple ; elle s'avance à sa rencontre, lui donne la main, le conduit à l'autel de la déesse, boit la premiere dans la coupe nuptiale le vin qu'elle a mêlé de poison, et lui en présente le reste. Quand elle voit qu'il a bu, elle pousse un profond soupir. « Voilà, s'écrie-t-elle, « mon cher Sinatus, le jour que « j'attendois ; ce jour qui m'a « fait supporter une vie qui « m'étoit insupportable sans toi. « Reçois-moi maintenant, moi « qui t'ai vengé du plus scélérat « des hommes. Compagne de ta « vie, je le deviens avec joie de « ta mort ». Sinorix se fit emporter dans sa litiere, et mourut bientôt après : Camma lui survécut assez pour jouir du succès de sa vengeance.

CLXXXV.

Solon, étant allé à Milet faire une visite à Thalès, marqua de l'étonnement de ce que ce sage n'avoit pas pris d'épouse, et avoit négligé d'avoir des enfants. Thalès ne répondit rien ; mais, quelques jours après, il aposta un étranger qui se disoit nouvellement arrivé d'Athenes, d'où il étoit parti depuis dix jours. Solon lui demanda s'il y étoit arrivé quelque chose de nouveau. «Rien, répondit «l'étranger, bien instruit de ce «qu'il avoit à dire, si ce n'est «les funérailles d'un jeune hom-«me, auxquelles toute la ville «s'est trouvée. On disoit que

« c'étoit le fils d'un homme con-
« sidérable, du citoyen le plus
« distingué par sa vertu. Le pere
« n'étoit pas présent, et on le
« disoit depuis long-temps en
« voyage. L'infortuné ! s'écria
« Solon. Mais comment s'ap-
« pelle-t-il? J'ai su son nom,
« reprit l'étranger, mais je ne
« me le rappelle plus. Tout ce
« que je sais, c'est qu'il n'étoit
« bruit que de sa sagesse et de
« sa justice ». La crainte de Solon s'accroît à chaque mot, et
n'étant plus maître de son trouble, il demande si le jeune homme n'étoit pas le fils de Solon.
« C'est lui-même, répond l'é-
tranger ». Alors il se frappe la
tête, il fait et dit tout ce qu'on

peut attendre d'un homme au désespoir. Thalès l'arrête en souriant. « Cet évènement qui « vous accable, lui dit-il, mal- « gré toute la fermeté de votre « ame, voilà ce qui m'a détour- « né de me marier et d'avoir « des enfants : mais consolez- « vous ; rien de ce qu'on vous « a dit n'est vrai. »

Il faut avouer cependant qu'il y a de la folie et de la lâcheté à refuser un bien que l'on doit desirer, par la crainte de le per- dre. On ne rechercheroit donc ni la richesse, ni la gloire, ni la sagesse, par la crainte d'en être privé. Il n'est pas de bien plus grand ni plus agréable que la vertu ; on peut la perdre elle-même par des maladies, par des breuvages. Ce Thalès qui ne se maria pas ne put cependant vivre sans crainte, à moins qu'il n'ait eu ni amis, ni parents, ni patrie. Notre ame est faite pour aimer, comme elle l'est pour sentir, pour penser, pour se ressouvenir. Si nous n'avons pas de proches qu'elle puisse aimer, elle s'attache à des objets du dehors.

CLXXXVI.

Thémistocle encore jeune se donnoit aux plaisirs de la table et des femmes ; mais quand Miltiade, à la tête des Athéniens, eut gagné sur les barbares la bataille de Marathon, on ne put plus lui reprocher aucun désordre. Il dit à ceux qu'étonnoit un si grand changement : « Le trophée de Miltiade ne me permet plus de « dormir, et ne me laisse aucun « relâche. »

Il dit au poëte Simonide qui le pressoit un jour de rendre un jugement peu conforme à la justice : « On n'est pas bon « poëte si l'on fait des vers « contre la mesure, ni bon magistrat si l'on porte des jugements contre la loi. »

De deux amants qui recherchoient sa fille, il préféra l'honnête homme au riche. « J'aime « mieux, dit-il, un homme sans « argent que de l'argent sans « homme. »   15.

CLXXXVII.

Les Athéniens alloient prononcer contre Aristide le bannissement qu'on nommoit ostracisme. Un homme de la campagne qui ne savoit pas écrire s'approcha de lui, et, lui présentant sa coquille, le pria d'y écrire le nom d'Aristide. « Tu le connois donc ? lui « demanda le sage. — Non ; « mais je suis ennuyé de l'en-« tendre toujours appeler le « juste ». Aristide, sans rien dire, prit la coquille, y écrivit son nom, et la rendit à cet homme.

CLXXXVIII.

Quand Périclès alloit commander l'armée, il se disoit, en revêtant le manteau de guerre : « Pense bien, Périclès, que « tu vas commander des hommes libres, des Grecs, des « Athéniens. »

CLXXXIX.

Phocion fut condamné injustement. Un de ceux qui devoient mourir avec lui gémissoit. « Eh quoi ! lui dit-il, tu « n'es pas fier de mourir avec « Phocion ! »

Quand la coupe de ciguë lui fut apportée, on lui demanda s'il vouloit faire dire quelque

chose à son fils. « Que je lui
« recommande et lui ordonne,
« répondit-il, de ne conserver
« aucun ressentiment contre les
« Athéniens. »

C X C.

Les Samnites, après leur dé-
faite, vinrent offrir de l'or à
Curius, et le trouverent occupé
à faire cuire des navets dans
une marmite de terre. « On n'a
« pas besoin d'or, leur dit-il,
« quand on fait de tels repas ;
« j'aime mieux commander à
« ceux qui ont de l'or que d'en
« avoir. »

C X C I.

Scipion l'ancien donnoit aux
lettres le temps que lui laissoient

le commandement des armées
et les affaires de la république,
et il disoit qu'il n'étoit jamais
plus occupé que quand il n'a-
voit rien à faire.

C X C I I.

Caton l'ancien disoit qu'il
aimoit mieux les jeunes gens
qui rougissoient que ceux qui
pâlissoient.

Il regardoit comme un mauvais commandant l'homme qui
ne savoit pas se commander à
lui-même.

Comme il voyoit élever des
statues à un grand nombre de
Romains ; « J'aime mieux, dit-
« il, qu'on demande pourquoi
« Caton n'a pas de statue, que

« si l'on demandoit pourquoi
« il en a une. »

Il disoit qu'ôter les honneurs à la vertu, c'étoit ôter la vertu à la jeunesse.

CXCIII.

Pendant la censure de Scipion le jeune, un soldat lui montra un bouclier bien orné. « Jeune homme, lui dit Sci- « pion, voilà un beau bouclier ; « mais un Romain doit mettre « plutôt son espérance dans sa « main droite que dans sa gau- « che. »

CXCIV.

Cécilius Métellus délibéroit sur le moyen d'attaquer certain château fort. « Tu n'as seule-

« ment qu'à sacrifier dix hom-
« mes, lui dit un centurion,
« et la place est à toi. — Fort
« bien, répondit Métellus ; mais
« voudrois-tu être l'un de ces
« dix hommes ? »

Un jeune tribun militaire lui
demandoit un jour ce qu'il
comptoit faire : « Si je croyois,
« répondit-il, que ma tunique
« le sût, je la quitterois et la
« jetterois au feu. »

C X C V.

Pompée étoit malade et son
médecin lui ordonnoit de manger une grive. On en chercha
sans pouvoir en trouver ; car
ce n'étoit pas la saison : mais on
lui dit qu'on en pourroit trou-

ver chez Lucullus qui en faisoit nourrir toute l'année. « Ainsi « donc, s'écria Pompée, si Lu- « cullus ne vivoit pas dans la « mollesse, Pompée ne pour- « roit vivre » ! Il congédia le médecin, et prit des aliments moins difficiles à trouver.

C X C V I.

César vit à Rome des étran- gers qui portoient dans leurs bras et qui caressoient de petits chiens et de jeunes singes. « Ap- « paremment, dit-il, que, dans « le pays de ces hommes-là, les « femmes ne font point d'en- « fants. »